古くて新しい

今こそ大豆

村上祥子

東京書籍

ずっと昔から、そして今も、未来も、大豆が健康を下支えします

世界一の長寿国を作った日本型食生活のルーツは、米と大豆です。祖先は大豆を発酵させた味噌や納豆でたんぱく質をコンスタントに補給し、味噌漬けの野菜や魚、煮豆や煎り豆、五目豆、正月の黒豆と、いつでも大豆料理を食卓に並べてきました。

現代の栄養学からみても大豆は炭水化物、たんぱく質、脂質、腸の働きをよくする食物繊維、糖質をエネルギーに換えて疲れをとるビタミンB_1、骨の材料のカルシウム、赤血球を増やす鉄、塩分のとりすぎを調整するカリウムなどをバランスよく含んだ、すばらしい食材です。

また、大豆は米にはない、そして人間の体内では合成できない必須アミノ酸、リジンとスレオニンを含んでいます。このおかげで、昔の人は米と大豆だけでも健康やスタミナを保つことができました。

大豆はご存知のとおり豆腐の原料です。焼き豆腐もあり、揚げれば油揚げに、乾燥すれば高野豆腐に。豆腐の素、豆乳は飲むだけでなく、豆乳チーズや豆乳バターも生み出しています。地球温暖化の深刻な影響から、飼育する牛や豚の肉の食べ過ぎに留意する考えが世界中に広まり、ハンバーガーに大豆ミートパテをはさむ店や、大豆ミートを使ったさまざまなお惣菜も増えてきました。

大豆料理に親しむとウエストはスマートになり、からだはよく動いて疲れにくく、頭が冴えて肌がつやつやしてきます。

食品供給の不安が高まり、栄養の偏りが問題になっている今、太古から日本人の健康を支えてきた大豆は頼もしい味方。ずっと昔から、そして現代も日本人のそばには大豆があります。今一度、すばらしい大豆パワーを体感してください。

村上祥子

目次

計量単位は1カップ＝200mℓ
大さじ1＝15mℓ
小さじ1＝5mℓ

人生100年時代を生き抜くための鍵が「大豆」

豆腐、油揚げ、生揚げ、高野豆腐、もちろんみそも。あまりに身近な食材で、子どもの頃から食べてきた大豆ですが、じつは目を見張るほどの栄養があります。日本人にとっては当たり前すぎて、大豆というスーパーフードのすばらしさを見落としているのかもしれません。

家森幸男京都大学名誉教授は長年健康長寿と栄養との関係を研究され、心臓病による死亡率と大豆の摂取に相関関係があることや糖尿病予防の効果を発表されています。また、米国FDA（アメリカ食品医薬品局）の「健康強調表示」では、毎日大豆たんぱく質25gの摂取が心臓病予防につながる、と明示されています。100gあたり木綿豆腐で7.0g、納豆は16.5gのたんぱく質を含んでいます。ぜひ毎日、大豆製品を食事に加えることを心がけたいと思います。

畑のお肉といわれるたんぱく質

必須アミノ酸がバランスよく含まれているかどうかを数値で示すアミノ酸スコアは、食品のたんぱく質の〝質〟を表しています。アミノ酸スコアが100の食品は、体内では合成できない必須アミノ酸8種を過不足なく含むたんぱく質であることの証。大豆たんぱく質は卵や肉、魚と同じアミノ酸スコア100。筋肉、骨、皮膚、内臓、血液、爪、髪の毛、ホルモン、酵素、免疫細胞など、私たちのからだの基を作る栄養源です。

女性ホルモンと似た働きをする大豆イソフラボン

大豆の注目成分はポリフェノールの一種であるイソフラボン。化学構造が女性ホルモンのエストロゲンに似ているため、女性の体調維持に力を発揮するといわれています。とくに更年期の女性はイソフラボンでエストロゲン不足を補うことで、症状改善が期待できます。また、骨のカルシウム流出も防ぐので、骨粗鬆症予防にもなります。

腸の善玉菌を増やしてくれる大豆オリゴ糖

大豆に含まれる大豆オリゴ糖は、難消化性食物繊維で胃では吸収されず、そのまま大腸まで届きます。そこで善玉菌のエサとなり、腸内細菌の善玉菌を増やします。腸内環境がよくなれば、免疫力も高まります。

強力な抗酸化力で注目大豆サポニン

大豆のサポニンには活性酸素を除去する働きや、体内の抗酸化物質を安定させるものがあり、合わせて強力な抗酸化作用を生み出します。脂肪の代謝を促し、体脂肪の蓄積を防ぎ、血中コレステロールを低下させる働きもあり、肥満の予防にも働きます。

細胞の生成や再生を助ける葉酸

葉酸はビタミンB群に含まれ、別名は「造血のビタミン」。胎児の成長に影響を及ぼすため、妊娠中は積極的に摂ることを推奨されていることでご存じの方も多いでしょう。植物に多く含まれている成分ですが、じつは大豆にも豊富。不足すると貧血や動脈硬化の原因になります。

必須脂肪酸が豊富大豆レシチン

細胞膜の主成分で細胞の新陳代謝に必要不可欠なレシチンを大豆は含んでいます。血管にこびりついた中性脂肪やコレステロールを軽減する働きのほか、動脈硬化や糖尿病予防にも役立ちます。血液をサラサラにして血管を元気に保ちます。

動脈硬化の抑制にポリアミン

ポリアミンはアミノ酸のひとつのアルギニンから作られ、あらゆる細胞に含まれていて生命を維持していくために必要不可欠な成分です。ただ、加齢でその生成は減少していきます。長寿や生活習慣病予防が期待できることが研究で報告されています。

からだに沁みる 豆乳

豆乳は大豆を一晩水につけ、磨砕《まさい》後、加水・加熱し、濾過《ろか》したものです。イソフラボン、レシチン、オリゴ糖、生命維持機能に欠かせないビタミンB群が豊富です。また、ビタミンE、そして人間の体内では合成できない8種のミネラル（鉄、銅、亜鉛、カリウム、ナトリウム、マグネシウム、カルシウム、マンガン）を含み、8種の必須アミノ酸を全て含む良質の植物性たんぱく質です。

牛乳にはカルシウムが豊富ですが、豆乳は女性ホルモンに似た働きをするイソフラボンを含み、コレステロールは全く含んでいません。そして、なにより豆乳の最大の特徴は、牛乳に比べてミネラル類が豊富なことです。

豆乳は〈無調整豆乳〉〈調整豆乳〉、風味のついた〈豆乳飲料〉の3つの種類に分けられます。大豆だけを使い、豆汁をこした豆乳を無調整豆乳と表記し、飲みやすい味や香りに調整したものは調整豆乳、砂糖（甘味料）、食塩、ビタミン類の他、香料、植物油などで風味をつけて加工したのが豆乳飲料です。大豆固形成分の割合が、無調整豆乳は8％以上、調製豆乳は6％以上とJAS規格により決められています。調味料や糖分を加えた調整豆乳は、無調整豆乳に比べてカロリーや糖質が高くなります。飲み物や調理に使うときは、無調整豆乳のほうがたんぱく質が多く、低カロリーなのでおすすめです。

牛乳を使って作るグラタンやシチューなどは、豆乳を使うと脂質が少ないのであっさりとしあがります。ただグロブリンという、加熱するとシャボン玉のように膨らむアミノ酸を牛乳同様に含んでいて、吹きこぼれやすいのも特徴。豆乳や牛乳を使うときは、調理の最後に加え、煮立つ寸前で火を消せば吹きこぼれる心配はありません。

豆乳と牛乳の違い

100mℓあたり	豆乳（無調整豆乳）	牛乳
エネルギー	43Kcal	61 Kcal
たんぱく質	3.6g	3.3g
脂質	2.8g	3.8g
糖質	1.0g	4.7g
コレステロール	0mg	12mg
カルシウム	15mg	110mg
鉄	1.2mg	0g
葉酸	28μg	5μg

（日本食品標準成分表八訂増補2023）

豆乳豚汁

材料（2人分）
しょうが焼き用豚肉 ― 50g
にんじん ― 小¼本
生しいたけ ― 2枚
小ねぎ ― 2本
水 ― 100㎖
和風だし（顆粒） ― 小さじ½
無調整豆乳 ― 200㎖
みそ ― 大さじ1
七味唐辛子 ― 少々

① 豚肉は2㎝幅に切る。にんじんは小さめの乱切りにする。しいたけは石突きを除き、6等分に切る。小ねぎは3㎝長さに切る。

② 鍋に水と和風だしを入れ、豚肉、にんじん、しいたけを加えて中火にかけ、煮立ったら弱火にして7～8分煮る。にんじんが軟らかくなったらみそを溶き入れ、豆乳を加え、煮立つ寸前に火を止め、小ねぎを加える。器に盛り、七味唐辛子を振る。

キャベツとベーコンの豆乳スープ

材料（2人分）

キャベツ（ひと口大に切る）— 2枚
ベーコン（ひと口大に切る）— 1枚
水 — 100mℓ
無調整豆乳 — 200mℓ
塩 — 小さじ½
パセリのみじん切り — たっぷり

キャベツ、ベーコン、水を鍋に入れて火にかける。キャベツが煮えたら豆乳、塩を加え、ひと煮して火を止める。器2個に盛り、パセリを振る。

鮭の豆乳スープ

材料（2人分）

鮭（甘塩）— 2切れ
玉ねぎ — 100g
にんじん — 30g
水 — 100mℓ
A ┃コンソメ（顆粒）— 小さじ½
　┃バター — 大さじ1
無調整豆乳 — 200mℓ
バジルの葉 — 10枚ほど

① 鮭は半分に切る。玉ねぎは繊維に沿って薄切り、にんじんは3cm長さのせん切りにする。

② 鍋にAを入れ、1を加えて水を注ぐ。フタをして火にかけ、蒸気がもれだしたら弱火にし、5分蒸し煮する。

③ 豆乳を注ぎ、フタはしないで中火で温め、煮立つ寸前にバジルを加え、火を止める。

シェントウジャン（鹹豆漿）

材料（2人分）

油揚げ ― ½枚
無調整豆乳 ― 38mℓ
小桜えび（アミ） ― 小さじ2
A ┃ 酢、めんつゆ、ごま油
　┃ ― 各大さじ2
小ねぎの小口切り ― 2本分
パクチー（ざく切り） ― 2本
ラー油 ― 少々

① 油揚げはオーブントースターで焼き、縦半分に切り、1cm幅の短冊に切る。

② 鍋に豆乳と1、小桜えびを入れて火にかけ、煮立つ寸前に火を止め、Aを加えて混ぜる。トロリとしてくる。

③ 器2個に盛り、小ねぎとパクチーを加え、好みでラー油をたらす。

豆乳冷や汁

材料（2人分）
無調整豆乳 — 300㎖
A ┃ 白炒りごま — 大さじ2
　┃ みそ — 大さじ1
きゅうり — ½本
なす — 小1本
塩 — 小さじ⅙
青じそ — 4枚
みょうが — 1本
白炒りごま — 適量

① ミキサーに豆乳とAを入れて滑らかになるまで回し、冷やしておく。

② きゅうりは小口切り、なすはヘタを落として薄切りにし、塩を振ってもんでしんなりしたら水洗いし、水けをかたく絞る。青じそは幅を3等分してせん切り、みょうがも小口切りにする。

③ 器2個に**1**を等分に入れ、ごまを振り、**2**を加える。ご飯を添えてもよい。

豆乳ハニーグラタン

材料（2人分）

▼ホワイトソース
- 強力粉（または薄力粉）— 20g
- バター — 30g
- 無調整豆乳 — 300㎖
- 塩、こしょう — 各少々
- はちみつ — 大さじ2

むきえび、しめじ — 各100g
玉ねぎ — ½個
バター — 大さじ2
塩、こしょう — 各少々
パセリのみじん切り — 適量
粉チーズ — 大さじ2

① 耐熱ボウルに強力粉を入れて、バターを4つに切ってのせ、ふんわりとラップをし、電子レンジ600Wで1分加熱する。

② 取り出して泡立て器で混ぜ、ルウの状態にし、豆乳100㎖を加えて混ぜ、クリーム状にし、残りの豆乳を加えて溶きのばす。ラップをしないで電子レンジ600Wで3分加熱する。

③ 取り出したら塩、こしょうして泡立て

バターと小麦粉をレンチン。

豆乳100㎖でルウ状にしたら残りの豆乳も加えてさらにレンチンするとホワイトソースに。

できあがったら団子状にならないようによく混ぜる。

器で混ぜ、ラップをしないで電子レンジ600Wで3分加熱し、はちみつを加えて混ぜる。

4. むきえびは背わたを取り、ペーパータオルで水けを取る。しめじは石突きを除き、ほぐす。玉ねぎは繊維に沿って薄切りにする。
5. フライパンにバターを溶かして玉ねぎを炒め、しめじとえびを加えて炒め、塩、こしょうして**3**に加えて混ぜる。
6. バター（分量外）を塗ったグラタン皿に流し入れ、パセリと粉チーズを振り、オーブン（220～240℃）でこんがりと焼き色がつくまで焼く。

小松菜とほたての豆乳シチュー

材料（2人分）

小松菜 — 200g
A | 強力粉（または薄力粉）、バター — 各大さじ1
ほたて貝柱缶 — 小1缶（60g）
ほたての缶汁 — 大さじ2
水 — 50mℓ
無調整豆乳 — 200mℓ
塩、こしょう — 各少々

1. 小松菜は5cm長さに切り、葉は縦2等分する。
2. 耐熱ボウルにAを入れ、ラップをしないで電子レンジ600Wで30秒加熱し、バターが溶けたら泡立て器で混ぜる。
3. 鍋に小松菜を入れ、ほたてをのせて缶汁と水を加えてフタをし、火にかける。蒸気が上がったら弱火にし、1～2分加熱したら豆乳を加えて温める。
4. **2**に**3**のスープ大さじ2を加えてのばしてから、**3**の鍋に加えてとろみをつけ、塩で味を調え、火を止める。器に盛り、こしょうを振る。

豆乳水炊き

材料（2人分）
鶏もも肉、白菜 — 各200g
玉ねぎ — 100g
水 — 220mℓ
昆布（4×4cm）— 1枚
無調整豆乳 — 200mℓ
ポン酢しょうゆ — 適量

① 鶏肉はひと口大に切る。玉ねぎは1.5cm幅のくし形切りに、白菜は5〜6cm角に切る。

② 鍋に水を注ぎ、昆布を加えて火にかける。鶏肉を加え、沸騰してきたらアクを除き、7〜8分煮て鶏肉に火を通す。玉ねぎ、白菜を順次加え、豆乳を加えて弱火で煮る。ポン酢をつけていただく。

豆乳キムチ鍋

材料（2人分）
にら、しめじ — 各100g
無調整豆乳 — 400㎖
白菜キムチ — 100g
白身魚（鱈や舌平目など） — 2切れ
赤唐辛子の粗みじん切り — 少々

1. にらは7㎝長さに切る。しめじは石突きを落としてほぐす。
2. 鍋に豆乳とキムチを入れて火にかけ、煮立ってきたら魚と**1**を加え、中火で1〜2分煮て、赤唐辛子を加えて火を止める。好みでキムチ（分量外）を追加してもよい。

豆乳すいとん

すいとんは棒状にして包丁で切る。

平らな楕円形にして、熱湯でゆでてからスープに加える。

材料（2人分）

油揚げ — ½枚（10g）
にんじん — 50g
ごぼう — 30g
水 — 200㎖
和風だし（顆粒） — 小さじ½
▼すいとん
A 薄力粉 — 60g
　無調整豆乳 — 大さじ3
　塩 — 少々
みそ — 大さじ1
無調整豆乳 — 200㎖
小ねぎの小口切り — 1本分

① 油揚げ、にんじん、ごぼうは1×4㎝の短冊に切る。ごぼうはサッと水にくぐらせ、アクを軽く抜き、ざるに上げる。

② 鍋に水と**1**を入れ、和風だしを加えて火にかける。煮立ってきたら弱火にし、フタを少しずらしてのせ、野菜が軟らかくなるまで10分ほど煮る。

③ Aを合わせ、耳たぶ程度のかたさにまとめ、まな板にのせ、直径3㎝の棒状にのばし、8個に切り分ける。

④ 別の鍋に熱湯（分量外）を沸かし、**3**を両手の親指と人指し指にはさんで楕円形にして加えてゆで、火が通ったら、網じゃくしですくって**2**の鍋に移す。

⑤ 豆乳を加え、みそを溶く。味をみて足りないときは塩（分量外）で調整する。煮立ったら火を止め、椀2つに盛って小ねぎを散らす。

豆乳明太うどん

材料（2人分）

水 ― 400㎖
和風だし ― 小さじ1
A ┃ 薄口しょうゆ、酒、みりん
　┃ ― 各大さじ1
無調整豆乳 ― 200㎖
うどん（冷凍） ― 2パック
辛子明太子 ― 1腹
小ねぎの小口切り ― 2本分
おろししょうが ― 少々

① 鍋に水を入れ、和風だしとAを加えて火にかける。煮立ってきたら、豆乳を加えて煮立つ寸前に火を止める。

② うどんを熱々にゆでて丼2つに入れ、1を注ぎ、明太子を2㎝幅に切ってのせ、小ねぎとおろししょうがを添える。

豆乳冷やしそうめん

材料（2人分）

サラダチキン（市販品）、そうめん
　―各100g
小ねぎの小口切り―2本分
A
　薄口しょうゆ、みりん
　　―各大さじ2
　和風だし（顆粒）―小さじ½
　無調整豆乳―150㎖

① サラダチキンはまな板にのせてラップをかぶせ、麺棒でたたいてほぐす。

② Aを合わせ、汁椀2個に等分に注ぐ。

③ そうめんをゆでて冷水で洗い、ざるに上げたら器に氷（分量外）を5～6個おき、そうめんの半量をのせ、サラダチキンと小ねぎをのせる。もう1人分も同様に。**2**を添える。好みで白・黒こしょうを添える。

豆乳担々麺

材料（2人分）

豚ひき肉 — 100g
しょうがのみじん切り — ½片分
しょうゆ — 大さじ1
豆板醤、ごま油 — 各小さじ1
中華麺（生） — 2パック
A
無調整豆乳 — 400㎖
白練りごま — 大さじ2
鶏がらスープの素（顆粒） — 小さじ1
しょうゆ — 大さじ½
ラー油 — 小さじ¼
小ねぎの小口切り — 2本分

① フライパンを中火で熱し、ごま油を入れ、しょうがと豆板醤、しょうゆを入れ、香りが立ってきたら豚ひき肉を加え、肉に火が通るまで炒め、火を止める。

② 中華麺をゆでてざるに上げ、サッと水洗いして水けをきり、丼2つに盛る。

③ 鍋にAを入れて中火にかけ、煮立つ寸前で火を止める。**2**にスープをかけて**1**をのせ、小ねぎを散らす。

豆乳にパスタを入れてレンチンすれば、別鍋でゆでる必要がない。

豆乳カルボナーラ風 フィットチーネ

材料（2人分）

無調整豆乳 — 350mℓ
フィットチーネ（乾燥） — 70g
ベーコン — 4枚
オリーブ油 — 大さじ1
にんにくのみじん切り — 1片分
A 卵黄 — 2個分
植物性ホイップクリーム — 大さじ4
塩 — 少々
粗挽き黒こしょう — 少々

① 耐熱ボウルに豆乳を入れ、塩小さじ1（分量外）を加え、フィットチーネを2つに折って加える。ラップをしないで電子レンジ600Wで10分加熱する。途中で一度フィットチーネを混ぜてほぐし、残り時間加熱し、混ぜる。

② ベーコンは1cm幅に切り、別の耐熱ボウルに入れ、オリーブ油とにんにくを加え、ふんわりとラップをし、電子レンジ600Wで2分加熱する。

③ **2**に合わせておいたAを加えて勢いよく混ぜ、**1**のフィットチーネを豆乳が残っていれば軽くきって加え、手早くあえ、器2枚に盛り、こしょうを振る。

豆乳リゾット

材料（2人分）
ご飯 — 100g
無調整豆乳 — 300㎖
粉チーズ、バター — 各大さじ2
塩 — 小さじ⅕
粉チーズ、こしょう — 各少々

① ご飯は水（分量外）で洗ってざるへ上げる。
② 耐熱容器に豆乳を入れ、1を加えて混ぜ、豆乳は吹きこぼれやすいのでラップをしないで電子レンジ600Wで4分加熱する。
③ グツグツと沸騰してきたら電子レンジ弱（150〜200W）または解凍キーに切り替え、6分加熱する。
④ 取り出して表面にはっている豆乳の膜を除き、バターと粉チーズ、塩を加えてとろみがつくまで泡立て器でこすように混ぜる。こうすると粘りが出る。ねっとりしたら器2枚に盛り、粉チーズとこしょうを振る。

加熱し終わったら泡立て器でよく混ぜるとねっとりしあがる。

豆乳スイーツ

豆乳黒ごまプリン

材料（80㎖容量の器×4個分）
アガー — 6g
砂糖、黒練りごま — 30g
無調整豆乳 — 250㎖
A ┃スキムミルク — 20g
　┃バニラエッセンス — 5滴
はちみつ — 適量
アラザン — 少々

① ボウルにアガーと砂糖を入れ、サラサラになるまで混ぜる。
② 鍋に豆乳と黒練りごまを入れて中火にかけ、練りごまが完全に溶けるまで混ぜる。**1**を少しずつ加えながらその都度、泡立て器で混ぜ、全部入れたらAを加え、完全に溶けたら沸騰寸前まで加熱して火を止める。
③ 器4個に**2**を注ぎ、氷水を張ったバットに並べ、冷やしてから冷蔵庫に移す。
④ いただく際に1個につき、はちみつ小さじ½ほどかけ、アラザンをのせる。

豆花

材料（2人分）

水 — 大さじ2
粉ゼラチン — ½袋（2.5g）
A 無調整豆乳 — 200㎖
　砂糖 — 大さじ1
　アーモンドエッセンス — 少々
▼翡翠シロップ
温水 — 50㎖
砂糖 — 大さじ2
抹茶 — 小さじ2

① 耐熱ボウル（小）に水を入れ、粉ゼラチンを加えて混ぜ、2分おく。ラップをかけずに電子レンジ600Wで20秒加熱して溶かす。

② 別のボウルにAを入れ、**1**を加えて混ぜる。容器に流し入れ、冷蔵庫で固まるまで冷やす。

③ ボウルに抹茶と砂糖を入れ、泡立て器でさらさらになるまで混ぜ、温水を少しずつ加え、砂糖と抹茶が完全に溶けたら冷蔵庫で冷やし、翡翠シロップを作っておく。

④ 器2個に翡翠シロップを大さじ1ほど流し、**2**をスプーンですくって入れ、あればブルーベリーのシロップ漬けをのせる。

安倍川豆乳羹

材料（流し箱7.5×11.5×5㎝分）

粉寒天 ― 小1袋（2g）
水、無調整豆乳 ― 各50㎖
黒砂糖（粉） ― 50g
A きな粉 ― 大さじ2
　砂糖 ― 大さじ4

1. 大きめの耐熱ボウルに水を入れ、粉寒天を加えて混ぜる。ラップをしないで、電子レンジ600Wで1分加熱する。
2. 黒砂糖を加えて混ぜる。ラップをしないで電子レンジで1分加熱し、混ぜる。あと2回、1分ずつ加熱して、同様にそのつど混ぜる。
3. 豆乳を加えて混ぜ、流し箱に流し、氷水を張ったバットにのせて粗熱が取れたら、冷蔵庫で冷やす。
4. 固まったら流し箱から外し、8個に切る。
5. Aを合わせ、器2枚に各大さじ1ずつ入れ、上に**4**をのせ、残りのAを振りかける。

豆乳ポンデケージョ

材料（12個分）

A ─ 無調整豆乳 ── 80㎖
　 └ オリーブ油 ── 大さじ2

B ─ 粉チーズ ── 40g
　 └ 塩、こしょう ── 各小さじ¼

タピオカ澱粉（または製菓用米粉）── 90g

水 ── 50㎖

溶き卵 ── 1個分

① 耐熱ボウルにAを入れ、ラップをしないで電子レンジ600Wで2分加熱する。

② **1**にBを加え、泡立て器で混ぜ、タピオカ澱粉を加える。ふんわりとラップをし、電子レンジで1分加熱する。

③ **2**に水を加え、ハンドミキサーで滑らかになるまで混ぜ、次に溶き卵を加えて混ぜる。

④ まな板に取り出して手でこね、滑らかにして生地を3等分し、それぞれを4つに切り分け、手のひらにのせて丸め、クッキングシートを敷いた天板に並べる。残りも同様に。

⑤ 170℃に熱したオーブンで約15〜20分焼く。

※ポンデケージョはブラジル生まれのチーズパン。

豆乳いちごムース

材料（120㎖容量のガラスの器3個分）
粉ゼラチン — 小1パック（5g）
水 — 大さじ2
無調整豆乳 — 200㎖
いちご — 80g（飾り用に1個残す）
はちみつ — 大さじ2
生クリーム — 50㎖
ミントの葉 — 少々

① 耐熱ボウルに水を入れ、粉ゼラチンを振り入れて2分おく。ラップをしないで電子レンジ600Wで20秒加熱して溶かす。
② ミキサーに豆乳、いちご、はちみつを入れて滑らかになるまで回す。
③ **1**に**2**を加えて混ぜ、氷水（分量外）に浮かべてとろみをつける。
④ 別のボウルに生クリームを入れ、ハンドミキサーの高速でかたく泡立てる。
⑤ **3**に**4**を加えて混ぜ、器に等分に流し入れ、冷蔵庫で2時間ほど冷やし固める。1個を4つに切ったいちごと、ミントの葉をそれぞれにのせる。

豆乳ヨーグルト

好みのフルーツやシリアル、
大豆ミート（フレーク状）等と一緒に。

材料（できあがり560g）
プレーンヨーグルト（市販）— 60g
無調整豆乳（大豆固形分9％以上）— 500g

①耐熱容器に豆乳を注ぎ、電子レンジ600Wで3分加熱する。これで40℃前後になり、乳酸菌が繁殖しやすい温度になる。

②ヨーグルトを加えて混ぜ、フタをして室温に冬は約2時間、夏は約1時間おく。

③ヨーグルト状に固まればできあがり。固まる時間は室温によって多少前後する。

豆乳ヨーグルトクリーム

材料（できあがり340g）

水きり豆乳ヨーグルト — 250g
※豆乳ヨーグルト560g（P29参照）を水きりして作る。
スキムミルク — 20g
はちみつ — 40g
ココナツオイル — 30g

① 水きり豆乳ヨーグルトを作る。コーヒードリッパーにフィルターをセットして豆乳ヨーグルト560gを入れる。3時間ほどで水がきれる。水分はホエイなので料理に活用する。

② ボウルに水きり豆乳ヨーグルトを入れてハンドミキサーで混ぜ、スキムミルクとはちみつを入れてさらに混ぜる。

③ ココナツオイルは常温で固まるので最後に加え、ミキサーで滑らかになるまで混ぜる。

④ ホイップ状のクリームになればできあがり。

好みのパンをトーストしてバターを塗り、
豆乳クリームをのせる。
バジルの葉といっしょにいただくと美味。

豆乳ヨーグルトクリーム&フルーツゼリー

材料（1人分）

A ┌ 粉ゼラチン ― 小さじ½
　└ 水 ― 大さじ2

豆乳ヨーグルトクリーム ― 70g
白桃缶 ― 1切れ
白桃缶シロップ ― 70㎖
グレナデンシロップ（ノンアルコール）― 小さじ1
ブルーベリー ― 10個
チョコメレンゲ（市販品）― 1個
ミントの葉 ― 少々

① 耐熱ボウルにAを合わせて2分おき、電子レンジ600Wで20秒加熱して溶かす。

② 1に白桃缶シロップ、グレナデンシロップを加え、グラスに流し入れて冷やす。固まったらブルーベリーと4つに切った白桃、ミントの葉を加える。

③ 豆乳ヨーグルトクリームをのせて冷蔵庫で冷やしておく。いただくときにメレンゲとミントを飾る。

毎日食べたい 納豆

蒸した大豆を稲わらを束ねたもの（わらづと）に入れて保温すると、わらに生息していた納豆菌によって発酵して納豆ができます。現在は培養した納豆菌を添加して大量生産されています。納豆菌は腸内で有毒菌の繁殖を防ぐ働きを持っており、その威力はある種の病原性大腸菌を淘汰するほどといわれます。特有のネバネバは、アミノ酸の一種であるグルタミン酸が果糖の重合体が結合したもの。グルタミン酸はうま味の素なので、ネバネバにはうま味が詰まっています。

納豆は血液を固める働きがあるビタミンKを多く含むため、血栓ができやすいといわれてきました。しかし、今はむしろ血栓を溶解するナットウキナーゼや、血液の凝固を阻止する酵素を活性化する働きを持つウロキナーゼの前駆体などの存在が明らかになっています。血栓症の治療中で血液を固まりにくくするワーファリン（ワルファリンカリウム）という薬を飲んでいる人は納豆を控えたほうがよいのですが、それ以外の人は積極的に食べたい食品。

大豆のたんぱく質は発酵の働きにより、消化しやすい形になります。江戸時代、朝ごはんの定番は、みそ汁に納豆を入れた納豆汁だったそうです。

◀納豆1パックに添付のたれとそれぞれの具を加えて混ぜる。（全てのレシピ中、納豆1パック＝45gを使用）

めかぶ1パック（汁を切る）

アボカド¼個（1cm角切り）

キャベツ1枚（チンして3cm長さの細切り）

ミニトマト10個（ヘタを取って2つに切る）

たくあん2切れ（みじん切り）

三角チーズ1個（1cm角切り）

納豆サラダ

材料（2人分）

レタス、ベビーリーフなど
——合わせて100g

納豆——1パック

A
- 納豆のたれ——1袋
- 酢——小さじ1
- オリーブ油——大さじ1
- こしょう——少々

① レタスはひと口大にちぎり、ベビーリーフと一緒に冷水（分量外）に放し、ざるに上げる。

② ボウルにAを入れて混ぜ、納豆を加えて混ぜたら**1**を加えてあえ、器に盛る。

納豆コールスロー

材料（2人分）

- 玉ねぎ — 50g
- にんじん — 20g
- キャベツ — 200g
- パセリのみじん切り — 少々
- A 塩 — 小さじ½
  - 砂糖 — 小さじ1
  - こしょう — 少々
- B 納豆のたれ — 1袋
  - 酢、エキストラ・バージン・オリーブ油 — 各大さじ1
  - 塩 — 小さじ⅛
- 納豆 — 1パック

1. 玉ねぎはスライサーで薄切りにする。にんじんは皮をむき、チーズリナーで粗目のせん切りにする。いずれもボウルに入れ、パセリのみじん切りとAを加え、しんなりするまで手で混ぜる。
2. キャベツは4～5㎝長さのせん切りにし、洗って水をきり、**1**のボウルに加える。
3. Bをかけ、納豆を加え、キャベツをすくいあげながらよく混ぜる。

納豆チゲ

材料（2人分）
木綿豆腐 ― 1パック（200g）
白菜キムチ ― 50g
長ねぎ ― 1本
納豆 ― 2パック
納豆のたれ ― 2袋
水 ― 200㎖
しょうゆ ― 小さじ2

1. 豆腐は6等分する。白菜キムチは3㎝角に切る。長ねぎの白い部分は1.5㎝幅の斜め切り、青い部分は3㎜幅の斜め切りにする。
2. 小さめの土鍋に豆腐、納豆、たれ、キムチ、長ねぎの白い部分を入れ、水を注ぎ、火にかける。煮立ってきたら、しょうゆを加え、長ねぎの青い部分を加え、火を止める。

納豆けんちん汁

材料（2人分）
大根 ― 3㎝
にんじん、ごぼう ― 各小½本
こんにゃく ― 50g
ごま油 ― 大さじ1
木綿豆腐 ― 100g
水 ― 200㎖
昆布（3㎝角）― 1枚
しょうゆ、酒 ― 各大さじ1
納豆 ― 2パック
小ねぎの小口切り、
七味唐辛子 ― 各少々

① 大根、にんじん、こんにゃくは小ぶりの乱切りにする。ごぼうは皮をこそげて洗って乱切りにし、水（分量外）に放してアクを軽く抜き、ざるに上げる。

② 鍋にごま油を熱し、豆腐を細かくくずしながら炒める。

③ 1を加えて炒めたら水と昆布を加え、強火で加熱する。煮立ってきたらアクを除き、弱火にして少しずらしてフタをのせ、野菜が軟らかくなるまで10分ほど煮て、しょうゆと酒で調味する。

④ 最後に納豆を加えて混ぜ、火を止める。器2個に盛り、小ねぎを散らし、好みで七味唐辛子を振る。

豆腐は泡立て器でほどよくくずしながら炒める。

納豆と青梗菜の炒め物

材料（2人分）
納豆 ― 1パック
納豆のたれ ― 1袋
青梗菜 ― 2株
サラダ油 ― 大さじ1
塩 ― 少々

① 納豆はたれを加えて混ぜる。青梗菜は茎の部分を5㎝長さに切り、十字に4等分する。葉は4㎝長さに切る。茎は耐熱ボウルに入れ、ふんわりとラップをし、電子レンジ600Wで3分加熱し、水分をきる。

② フライパンにサラダ油を熱し、納豆をこんがりと炒めてから青梗菜の葉と茎を加えて炒める。

③ 青梗菜に火が通ったら、塩を振ってひと混ぜし、火を止める。

納豆オムレツ

材料（2人分）
納豆 ― 2パック
納豆のたれ ― 2袋
ピザ用チーズ（刻む） ― 大さじ2
卵 ― 4個
塩、こしょう ― 各少々
バター ― 大さじ2
パセリ ― 少々

1. ミニボウル2個を用意し、それぞれに納豆、たれ各1パックとピザ用チーズ各大さじ1を加えて混ぜる。
2. 卵は別のボウル2個それぞれに卵2個ずつ割り入れ、塩、こしょうして混ぜる。
3. フライパンを温め、バター大さじ1を入れて溶かし、**2**の1ボウル分を流し入れる。大きく混ぜて卵が半熟状になったら、中央に**1**の1ボウル分をのせ、オムレツ状に包む。
4. 器に盛り、パセリを添える。もう1人分も同様に。

納豆かき揚げ

材料（2人分）
三つ葉 ― 3本
紅しょうがのせん切り ― 20g
納豆 ― 2パック
納豆のたれ ― 2袋
しらす干し ― 10g
天ぷら粉 ― 大さじ1
▼衣
天ぷら粉 ― 50g
冷水 ― ¼カップ
揚げ油 ― 適量
レモン（くし形切り） ― 1個

1. 三つ葉は2~3㎝長さに切り、紅しょうがは汁けをきる。
2. 納豆にたれと**1**、しらすを合わせ、天ぷら粉（大さじ1）を加えて混ぜる。
3. 衣の天ぷら粉をボウルに入れ、冷水を加えて混ぜたら**2**を加えて混ぜる。
4. 油を170℃に熱し、**3**をスプーンですくって入れ、表裏各3分かけて揚げ、油をきる。器に盛り、レモンを添える。

先に天ぷら粉をまぶしてから衣をつけるとカラリと揚がる。

納豆春巻き

材料（2人分）

納豆—2パック
納豆のたれ—2袋
乾燥カットわかめ（水で戻す）
—小1パック（2.5〜3g）
塩、こしょう—各少々
春巻きの皮—4枚
A 薄力粉—大さじ1
　水—小さじ2〜3
揚げ油—適量
練り辛子—少々

1. わかめは2〜3cm角に切る。納豆にたれとわかめを加え、塩、こしょうして混ぜる。
2. まな板に春巻きの皮をひし形に置き、先端にAを塗る。**1**の¼量をのせて包み、巻き終わりをAで留める。残りも同様に。
3. 油を160℃に熱し、**2**を入れ、表裏を返しながら揚げ、プッとふくらんで全体がきつね色になったら油をきる。器に盛り、練り辛子を添える。

納豆スタミナ丼

材料（2人分）

まぐろの刺身（赤身）— 80g
長芋 — 30g
おくら — 4本
納豆 — 2パック
納豆のたれ — 2袋
青じそ（みじん切り）— 4枚
温かいご飯 — 茶わん2杯分
A ┃しょうゆ、みりん — 各大さじ1

1. まぐろは7㎜角に刻む。長芋は皮をむき、5㎜幅の薄切りにして包丁でたたき、ねばりを出す。
2. おくらはガクの周りをくるりとむき、熱湯でサッとゆでて冷水に取り、水けを拭いて小口切りにしてさらにたたく。
3. 納豆とたれをよく混ぜる。
4. 丼2個にご飯を盛り、**123**を等分にのせ、青じそを散らし、Aを合わせてかける。

納豆チャーハン

材料（2人分）
納豆 ― 2パック
納豆のたれ ― 2袋
温かいご飯 ― 300g
赤唐辛子（半分にして種を除く） ― 1本
ごま油 ― 大さじ1
長ねぎのみじん切り ― 50g
しょうゆ ― 小さじ2

1 納豆にたれを加えて混ぜる。
2 フライパンに赤唐辛子とごま油を入れて中火で熱し、香りが立ってきたら**1**を加え、こんがりするまで炒める。ご飯を加え、強火にして炒める。
3 全体がパラリとしてきたら長ねぎを加え、鍋肌からしょうゆを回し入れて風味をつけ、火を止める。

納豆スパゲッティ

材料（2人分）

スパゲッティ ― 150g
ピーマン（種を取って細切り）― 2個
納豆 ― 2パック
納豆のたれ ― 2袋
オリーブ油 ― 大さじ1
にんにくの薄切り ― 1片分
赤唐辛子のみじん切り ― 小さじ1
こしょう ― 少々

① 鍋に熱湯1.5ℓ（分量外）を沸かし、塩小さじ1（分量外）を加え、スパゲッティを加えてゆでる。表示時間まであと1分になったら、ピーマンを加えてゆで、全てざるに上げる。

② フライパンにオリーブ油とにんにく、赤唐辛子を入れ、弱火にかける。にんにくがきつね色になったら、納豆にたれを混ぜて加え、強火で炒め、**1**を加えて混ぜ、火を止める。器2枚に盛り、こしょうを振る。

納豆ピザ

材料（2～3人分）

直径22㎝のピザ生地（市販品）— 1枚
オリーブ油 — 大さじ1
トマトソース（市販品）— 50g
納豆 — 2パック
納豆のたれ — 2袋
玉ねぎのみじん切り — ¼個分
にんにくのみじん切り — 1片分
ピザ用チーズ（粗みじん切りにする）— 50g
パセリのみじん切り — たっぷり

1. ピザ生地が冷凍の場合は解凍する。天板にクッキングシートを敷き、ピザ生地を置き、オリーブ油を塗り、トマトソースの半量を塗る。
2. 納豆にたれと残りのトマトソースを混ぜ、ピザ生地全面にのせる。玉ねぎ、にんにく、パセリ、ピザ用チーズを生地全面に広げる。
3. 230℃に温めたオーブンの下段で15分ほど、好みの焼き加減に焼く。

レモン納豆トースト

材料（1人分）

食パン（6枚切り）― 1枚
バター ― 小さじ1
納豆 ― 1パック
納豆のたれ ― 1袋
小ねぎの小口切り ― 少々
レモン（くし形切り）― 1切れ

1. 食パンをトーストし、バターを塗って3つに切る。
2. 納豆にたれと小ねぎを加えて混ぜる。レモンは2㎜幅の薄切りにする。
3. **1**にレモンをのせ、納豆を点々と置く。

納豆ちぢみ

材料（2人分）

- A
  - 製菓用米粉（または薄力粉）— 100g
  - 卵 — 1個
  - 水 — 90mℓ
- 納豆 — 1パック
- 納豆のたれ — 1袋
- キムチ（1cm幅に刻む）— 50g
- B
  - にんにくのみじん切り — 1片分
  - 長ねぎのみじん切り — ½本分
  - 粉唐辛子（粗挽き）— 少々
  - 塩 — 少々
- ごま油 — 大さじ1
- 青のり粉 — 少々
- ポン酢しょうゆ（市販品）— 適量

1. Aを合わせ、滑らかになるまで混ぜる。
2. 納豆にたれを加えて混ぜ、**1**に加えて混ぜる。キムチとBも加え、生地がかたいときは水（分量外）を足す。
3. フライパンを温め、ごま油を入れて**2**を流し入れたらフタをして中火で5分焼く。表面が乾いてきたら、裏返してフタをして弱火で3分焼く。
4. 取り出して周りを落として正方形に整え、9個に切る。器に盛り、青のりを中央に少しずつのせる。ポン酢しょうゆをつけていただく。好みでラー油を加えても。

いつでも味方の 豆腐 油揚げ 生揚げ

豆腐は、豆乳に硫酸カルシウムなどの凝固剤を加えた凝固物を型箱の中に入れて圧搾、上澄みを除いて成型したものです。この方法で作られたのが〈木綿豆腐〉。〈絹ごし豆腐〉は濃厚な豆乳全体をゼリー状に固めて水にさらしたもの。〈ソフト豆腐〉は木綿豆腐と絹ごし豆腐の中間的なもの。〈充填豆腐〉は濃厚な豆乳をいったん冷却した後、凝固剤と混ぜ合わせて容器に分注し、密封後に加熱して全体をゼリー状に固めたものです。充填豆腐は輸送が容易で衛生的に取り扱うことができ、木綿や絹ごしに比べて保存期間が長いのが特長です。

豆腐はたんぱく質を5~7g含み、消化のよい食品。豆腐の種類は口当たりだけでなく、栄養面でも多少の違いがあります。木綿豆腐はビタミンB_1やマグネシウム、その他の成分が上澄み中に溶け出るために一部はロスとなっています。絹ごし豆腐は豆乳全体を製品とするので、ロスは水さらしのときだけ。また、充填豆腐は水さらしもおこなわないので上澄みに溶け出るロスは出ません。

豆腐を薄く切って揚げたものが油揚げや生揚げ（厚揚げ）です。油揚げは薄揚げとも呼ばれるのに対し、厚みのあるのが生揚げです。どちらも豆腐よりカロリーや脂質は高くなりますが、水分が減る分、たんぱく質をはじめ、その他の栄養も高くなります。

容器いっぱいにぴっちり収まっているのが充填豆腐。3個パックなどで売られていることが多い。

キッチンペーパーに豆腐を包み、しばらくおけば水きりできる。

大豆製品の栄養

100gあたり	木綿豆腐	絹ごし豆腐	ソフト豆腐	充填豆腐	油揚げ	生揚げ
エネルギー	73cal	56kcal	56kcal	56kcal	377kcal	143kcal
たんぱく質	7.0g	5.3g	5.1g	5.0g	23.4g	10.7g
脂質	4.9g	3.5g	3.3g	3.1g	34.4g	11.3g
コレステロール	0mg	0mg	0mg	0mg	0mg	0mg
カルシウム	93mg	75mg	91mg	31mg	310mg	240mg
マグネシウム	57mg	50mg	32mg	68mg	150mg	51mg
ビタミンB1	0.09mg	0.11mg	0.07mg	0.15mg	0.06mg	0.07mg
鉄	1.5mg	1.2mg	0.7mg	0.8mg	3.2mg	2.6mg
葉酸	12μg	12μg	10μg	23μg	18μg	28μg

（日本食品標準成分表八訂増補2023年）

豆腐

豆腐の揚げ野菜サラダ

材料（2人分）
木綿豆腐、なす ― 各200g
長しし唐辛子 ― 4本
揚げ油 ― 適量
ポン酢しょうゆ（市販品） ― 大さじ2
しょうがのすりおろし ― 小さじ1

① なすはヘタを取り、ひと口大の乱切りにする。しし唐辛子は破裂防止にペティナイフの先で1本につき2か所突いておく。
② 170℃の油で**1**を揚げ、油をきる。
③ 器に3㎝角に切った豆腐、**2**を盛り、ポン酢しょうゆを回しかけ、おろししょうがを添える。

くずし豆腐とトマトのサラダ

材料（2人分）
トマト ── 中2個
木綿豆腐 ── 200g
A ワインビネガー、オリーブ油 ── 各大さじ1
　塩 ── 小さじ½
紅たで（貝割れ菜などでも）── 大さじ1
木の芽 ── 4枚
セルフィーユ ── 2本

1. トマトはヘタを取り、8等分のくし形に切り、それぞれを半分に切る。
2. 豆腐はキッチンペーパーで包んで軽く水けをきり、平皿にのせてフォークで粗くくずす。
3. 大きめのボウルにAを合わせ、スプーンの丸い背ですり混ぜてドレッシングを作る。**1**と**2**を加え、ざっくりと混ぜる。
4. 器に盛り、紅たではそのまま、木の芽はちぎって、セルフィーユははさみで2〜3cmに切って散らす。

豆腐は泡立て器でよく炒って水分を飛ばす。

具だくさんの炒り豆腐

材料（2人分）
ハム — 2枚
長ねぎの青い部分 — 1本
生しいたけ — 2枚
木綿豆腐 — 200g
サラダ油 — 大さじ1
しょうゆ — 小さじ2
白炒りごま — 小さじ2

① ハムは1.5㎝角に切る。長ねぎは粗みじん切りにする。生しいたけは石突きを落として1㎝角に切る。

② 耐熱ボウルに豆腐を入れ、ふんわりとラップをし、電子レンジ600Wで2分加熱する。2枚重ねにしたキッチンペーパーに豆腐をのせて包み、ギュッと絞ってほぐす。

③ フライパンを温め、サラダ油を入れて**2**を強火で炒め、ところどころに焼き色がついてきたら**1**を加えて炒める。

④ 全体に火が通ったらしょうゆを回し入れ、ごまを振って火を止める。

すくい豆腐のあんかけ

材料（2人分）

かまぼこ（薄切り）— 6枚
しめじ — ¼パック
三つ葉 — 2本
ぎんなん（水煮）— 4粒
熱湯 — 200mℓ
削り節 — 小2袋
A しょうゆ — 小さじ2
　酒 — 小さじ1
B 片栗粉、水 — 各大さじ1
すくい豆腐 — 150g
おろししょうが — 少々

1. かまぼこの薄切りを重ねて半分に切る。しめじは石突きを取ってほぐす。三つ葉は3cm長さに切る。
2. 容器に削り節を入れ、熱湯を注ぎ、10秒おいて鍋にこしながら入れる。Aを加えて火にかけ、煮立ってきたらBを加えてとろみをつける。**1**とぎんなんを加えてひと煮する。
3. 器2個に別の鍋で温めたすくい豆腐を盛り、**2**をかけてしょうがを添える。

チーズ豆腐

材料（2人分）
木綿豆腐 ― 200g
おかひじき、玉ねぎ ― 各50g
小ねぎ ― 2本
オリーブ油 ― 小さじ2
にんにくのみじん切り ― 1片分
塩、こしょう ― 各少々
スライスチーズ ― 2枚

① 豆腐は半分に切る。おかひじきはサッとゆでて冷水に取り、ざるに上げて水けをきって5㎝長さに切る。玉ねぎは薄切りにする。小ねぎは5㎜幅の斜め切りにする。

② フライパンにオリーブ油を入れてにんにくを加え、弱火にかける。きつね色になり、いい香りが立ってきたら豆腐を並べ入れ、全面をやや色づくまで焼き、レンジにかけられる器2個に移す。

③ **2**のフライパンにおかひじきと玉ねぎを入れて炒め、塩、こしょうをして火を止める。

④ **2**の豆腐の周りに**3**を添え、それぞれに2つ折りにしたスライスチーズをのせ、上に小ねぎものせる。

⑤ ふんわりとラップをし、1個につき電子レンジ600Wで2分加熱する。

豆腐入り厚焼き玉子

材料（幅13cm×長さ19cmの卵焼き器1個分）

木綿豆腐 ― 100g
A ┃ 砂糖 ― 大さじ3
　┃ しょうゆ ― 小さじ1
　┃ 塩 ― 少々
卵 ― 4個
サラダ油 ― 適量

1. ミキサーまたはフードプロセッサーに豆腐とAを入れ、滑らかなピューレ状にする。
2. ボウルに**1**を入れ、卵を割りほぐして加え、よく混ぜる。
3. 卵焼き器を温め、ティッシュに油をつけて塗り、**2**をお玉1杯分流し入れる。表面が半熟状になったらターナーを使って2つに折る。
4. 卵焼き器の空いたところへ**3**と同様に油を塗り、卵液を流し、同様に焼く。残りの卵液を流して焼く、をくり返す。
5. まな板にのせて、粗熱がとれたら4つに切る。

豆腐のお好み焼き

材料（2人分／直径22cmのフライパン1個分）

A
- 玉ねぎ — 30g
- にんじん — 20g
- ハム（薄切り） — 2枚
- ピザ用チーズ — 25g

木綿豆腐 — 200g
長芋（すりおろす） — 大さじ2
小ねぎの小口切り — 2本分

B
- 薄力粉 — 50g
- 卵 — 1個
- 塩 — 小さじ¼

サラダ油 — 大さじ1
お好み焼きソース、マヨネーズ、青のり、紅しょうが — 各適量

①Aはすべて2～3cm角に切り、フードプロセッサーにかけてみじん切りにし、ボウルに移す。

②空になったフードプロセッサーに豆腐と長芋、小ねぎ、Bを加えて滑らかな生地を作る。

③1のボウルに2を加えて混ぜる。

④フライパンを温め、サラダ油を入れて3を流し入れ、フタをして中火で3分焼く。焼き色がついたら皿に滑らせて取り出し、裏返してフライパンに戻し、フタをして弱火で2分焼く。

⑤器に盛り、ソースとマヨネーズをかけ、青のりを振り、紅しょうがを添える。

豆腐かしわ飯

材料（2人分）

- 米 — 1合
- A 鶏がらスープの素（顆粒）、しょうゆ — 各小さじ½
  - みりん — 大さじ1
  - 塩 — 小さじ¼
- 木綿豆腐 — 100g
- サラダ油 — 小さじ2
- B 砂糖、酒、しょうゆ — 各大さじ1
- 錦糸卵（市販品） — 20g
- もみのり — 焼きのり½枚分
- 紅しょうが — 少々
- 青じそ（半分に切る） — 1枚

① 米は洗って炊飯器の内釜に入れてAを加え、水を1合（分量外）の線まで注いで混ぜ、15分ほどおいて倍速（早炊き）モードで炊く。倍速で炊くとマイクロ派調理なのでおいしい。

② 豆腐はキッチンペーパーに包んでギュッと水分を絞り、バラバラにしてフライパンに移し、サラダ油を加えて中火で炒める。水分が飛んだらBを加え、水けがなくなるまで煮詰め、火を止める。

③ 1を弁当箱（または器）に盛り、2と錦糸卵、もみのりをのせる。青じそに、紅しょうがをのせて隅に添える。

豆腐クリーム

材料（できあがり220g分）
絹ごし豆腐 ― 200g
A ┃ スキムミルク ― 大さじ3
　┃ はちみつ ― 大さじ1

① 豆腐はキッチンペーパーに包んで5分おき、軽く水きりして、ボウルに入れ、ハンドミキサーで滑らかになるまで混ぜる。

② Aを加える。

③ ハンドミキサーでクリーム状になるまで混ぜる。フタ付き容器に移し、冷蔵で4日間保存できる。

野菜の豆腐クリームあえ

材料（2人分）
きゅうり ― 1本
塩 ― 少々
ミニトマト ― 2個
豆腐クリーム ― 100g

きゅうりは皮を3本ほどピーラーでむき、4㎜幅の輪切りにする。塩を振り、2〜3分おいたらキッチンペーパーに包んで水けを絞る。ミニトマトはヘタを取り、十字に4つに切る。ボウルに豆腐クリームを入れ、きゅうりとトマトを加えて混ぜる。

焼き野菜の豆腐クリーム添え

材料（2人分）

ゴーヤ、かぼちゃ ― 各100g
なす ― 1本
赤パプリカ ― 1個
ピーマン ― 2個
※好みの季節の野菜でもよい。
オリーブ油 ― 大さじ1
塩、こしょう ― 各少々
豆腐クリーム ― 適量

1. ゴーヤは種とワタをスプーンでくり抜いて1cm幅に切る。なすはヘタを落とし、1cm幅に切る。かぼちゃは1cm幅のくし形切り、赤パプリカは縦6等分、ピーマンは縦3等分に切り、ヘタと種を除く。
2. フライパンを温め、オリーブ油を入れて**1**を並べ入れ、フタをして中火で2分焼く。裏返してさらに2〜3分焼く。
3. 火が通ったものからバットに移し、全部焼き終わったら、塩、こしょうを振る。
4. 器に**3**を盛り、別容器に豆腐クリームを入れて添える。

豆腐クリームグラタン

材料（2人分）
にんじん — 50g
セロリの葉 — 1本分
豆腐クリーム — 220g
粉チーズ — 大さじ2
パセリのみじん切り — 少々

① にんじんは3㎜幅の斜め薄切りにし、重ねてせん切りにする。耐熱ボウルに移してふんわりとラップをし、電子レンジ600Wで1分加熱する。セロリの葉は細切りにする。

② 豆腐クリームと1を混ぜ、薄く油（分量外）をぬったグラタン皿2個に入れ、粉チーズとパセリを振る。

③ 200℃に温めたオーブンまたはオーブントースターの強で10分ほど焼く。全体に焼き色がつき、ソースがふんわりふくらんだら取り出す。

オープントースト

材料（2人分）

トマト（完熟）— 大1個
食パン（6枚切り）— 2枚
豆腐クリーム — 220g
バジルの葉 — 6〜8枚
塩、こしょう — 各少々
アマニ油またはオリーブ油 — 小さじ1

① トマトはヘタを取って半分に切ってから8枚の半月切りにする。

② トーストした食パンに豆腐クリームを塗り、十字に4つに切る。**1**をのせ、バジルをちぎってのせ、塩、こしょうを振る。器に盛り、アマニ油をかける。

豆腐スイーツ

豆腐のトリュフ

材料（直径2㎝のもの8個分）

板チョコレート（ミルクまたはビター）
— 1枚（約70g）

豆腐クリーム — 220g

仕上げ用の純ココア — 適量

① 耐熱ボウルにチョコレートを2つに割って入れ、ふんわりとラップをして電子レンジ600Wで1分加熱する。取り出してゴムべらで混ぜて滑らかにする。

② 別のボウルに豆腐クリームを入れ、**1**を加えて混ぜる。

③ 水（分量外）を入れたバットに**2**のボウルをのせ、泡立て器で混ぜ、もったりとしてきたら、ゴムべらに替え、底からすくうように混ぜる。

④ まな板に30㎝×30㎝のラップを広げ、**3**をのせ、直径3〜4㎝の棒状に形を整えてラップで巻き、左右をねじって輪ゴムで留める。冷凍庫に入れ、固まるまで冷やす。

⑤ バットにココアを茶こしで振って広げておく。

⑥ **4**を8個に切り分け、1つずつ丸めて**5**のバットに移す。バットを揺すって全体にココアをまぶし、器に盛る。

豆腐パンケーキ

材料（直径10㎝×4枚分）

A いちご — 4個
　キウイ — 1個
　ブルーベリー — 大さじ2
　はちみつ — 大さじ1

B 木綿豆腐 — 100g
　卵 — 1個
　砂糖、サラダ油 — 各大さじ1
　塩 — ひとつまみ

C 薄力粉 — 100g
　ベーキングパウダー — 小さじ1

豆乳 — 100㎖
サラダ油 — 小さじ1
バター — 小さじ2
ミントの葉 — 少々

① Aのフルーツはそれぞれ皮や種を除き、1〜1.5㎝角に切る。ボウルに移し、はちみつを加えて混ぜる。

② ミキサーまたはフードプロセッサーにBを入れ、滑らかになるまで混ぜる。

③ **2**にCを加え、滑らかになるまで混ぜたら、豆乳を加えて混ぜてボウルに移す。

④ ホットプレートまたはフライパンを温め、ティッシュペーパーでサラダ油をひき、**3**をミニお玉（50㎖容量）ですくって流し、中火で4枚焼く。裏返して弱火にして2〜3分焼く。

⑤ 皿に2枚ずつのせてバターを塗り、**1**をのせ、ミントの葉を散らす。

豆腐餅

材料（作りやすい分量／6個分）
あんこ（市販品）— 120g
絹ごし豆腐 — 100g
片栗粉 — 75g
打ち粉用の片栗粉、抹茶 — 各適量

① あんこは6等分して丸めておく。
② 耐熱ボウルに豆腐を入れ、ハンドミキサーで滑らかになるまで混ぜ、片栗粉を加えて混ぜる。ふんわりとラップをし、電子レンジ600Wで3分加熱する。
③ ボウルに水（分量外）を注ぎ、取り出した**2**を入れて表面を冷ましたら手ですくってキッチンペーパーを敷いたボウルに移し、水けを取る。
④ まな板に打ち粉用の片栗粉を振って**3**をのせ、6等分して丸める。
⑤ 20㎝角のラップ6枚を用意し、1枚に**4**を1個のせ、中央に**1**を1個のせて包んだらラップを外してバットに並べる。残りも同様に。
⑥ 抹茶を茶こしで**5**に振り、器に盛る。

豆腐白玉

材料（直径3㎝の団子12個分）

木綿豆腐 ― 80g
白玉粉 ― 60g
きな粉 ― 適量
黒蜜（市販品） ― 少々

① ボウルに白玉粉を入れ、豆腐を加えて混ぜ、5分おく。こうすると白玉粉の芯まで水分が行き渡る。耳たぶ程度のかたさにこね、握ってみて割れるときは指に水を少しつけ、生地の表面につけてこねる。握ってみて滑らかになるまで水（分量外）を足す。棒状に延ばして12等分し、直径2㎝ほどの団子に丸め、まん中を指で押さえてくぼませる。

② 鍋に熱湯（分量外）を沸かし、1を加えて全部浮いてきたら、さらに1分ほどゆでる。こうすると甘みが増す。網じゃくしですくって氷の入った水（分量外）に移し、すぐにすくいあげてボウルに取る。

③ 器2個に黒蜜少々を入れてから2を入れ、きな粉を振る。好みで黒蜜を別容器に入れて添える。

油揚げ

カリカリ油揚げ入りシーザーサラダ

材料（2人分）

レタス、クレソン、玉ねぎなど
— 合わせて200g
油揚げ — 2枚
温泉卵（市販品） — 2個
A 塩 — 小さじ¼
酢 — 小さじ1
オリーブ油、マヨネーズ — 各大さじ1
粉チーズ — 大さじ2
こしょう、パセリのみじん切り — 各少々

① レタスとクレソンはひと口大に切り、玉ねぎは繊維に沿って薄切りにして冷水に放し、ざるに上げる。

② 油揚げをアルミホイルを敷いたオーブントースターの天板にのせ、こんがりきつね色になるまで焼いたら1cm幅の短冊切りにする。

③ ボウルにAを入れて混ぜ、1と2を加えてあえ、器に盛る。温泉卵をのせ、粉チーズとパセリ、こしょうを振る。温泉卵をつぶして全体に混ぜていただく。

トースターで焼くと油揚げがパリパリ、カリカリに。このまましょうがじょうゆで食べてもおいしい!!

油揚げとごぼうの柳川風

材料（2人分）
油揚げ ― 1枚
ごぼう ― 50g
さやいんげん（筋を取る） ― 4本
一発だし※ ― 150ml
A ｜薄口しょうゆ、みりん
　｜― 各大さじ1
B ｜片栗粉、水 ― 各小さじ1
卵 ― 2個

※一発だし（できあがり約300ml分）
耐熱ボウルに水350mlを入れ、昆布（4×4cm）2枚と削り節小2パックを加え、ラップやフタはしないで電子レンジ600Wで3分30秒加熱したら、茶こし等でこす。

① ごぼうはささがきにして水に放し、すぐざるに上げる。油揚げは1cm角の色紙切りにする。いんげんは両端を落とし、5〜6cm長さに切る。

② 鍋にだしとAを入れ、1を加えて火にかける。煮立ってきたら中火で3〜4分煮て、ごぼうがしんなりしてきたらBを加えてとろみをつけ、卵を溶いて回し入れ、半熟状になったら火を止める。

ほたほた煮

材料（作りやすい分量／8枚分）

油揚げ（すし用）―― 小8枚

※長方形の場合は4枚を半分に切る。

水 ―― 400mℓ

A 砂糖 ―― 大さじ4
　みりん、薄口しょうゆ
　―― 各大さじ2

1. 鍋に熱湯1ℓ（分量外）を沸かし、油揚げを入れて煮立ってきたら、木べらで押さえながら5分ゆでて湯を捨てる。
2. **1**の鍋に水を注ぎ、Aを加えて落としブタ（または中央に切り目を入れたアルミホイル）をかぶせ、中火で10分煮て火を止める。
3. 冷めたら保存容器に移し、煮汁も注いでストックする。冷蔵で5日、冷凍で1カ月保存できる。

きつねうどん

材料（2人分）

▼うどんつゆ
一発だし（P67参照）— 300㎖
A 薄口しょうゆ、酒 — 各大さじ1
 砂糖 — 小さじ1
 塩 — 小さじ¼
うどん（冷凍）— 2パック
油揚げのほたほた煮（P68参照）— 2枚
小ねぎの小口切り、長ねぎの小口切り、おろししょうが — 各少々

① うどんつゆを作る。鍋にだしとAを入れ、煮立ててアルコール分を飛ばす。

② うどんを熱々にゆでて丼2個に入れ、**1**を注ぎ、油揚げのほたほた煮と小ねぎ、長ねぎをのせ、おろししょうがを添える。

生揚げ

生揚げの高菜炒め

材料（2人分）
生揚げ ― 1枚
高菜漬け ― 70g
ごま油 ― 大さじ1
A しょうゆ、砂糖 ― 各小さじ2
赤唐辛子の輪切り ― 3〜4個

① 生揚げは2〜3㎝角に切る。高菜漬けは葉と茎に分け、茎は1×2㎝の短冊切り、葉はみじん切りにする。

② フライパンを温め、ごま油を入れて生揚げを並べ、中火で3分焼き、裏返して弱火で3分焼く。

③ 生揚げを焼いているフライパンの空いた所に高菜を加え、箸で混ぜながら炒め、Aを加えて炒りつける。

④ 最後に生揚げと高菜漬けを混ぜ、火を止める。

生揚げのコチュジャン和え

材料（2人分）

生揚げ ― 1枚

A ｜ コチュジャン、ごま油 ― 各小さじ2
　 ｜ しょうゆ、水 ― 各小さじ1
　 ｜ 片栗粉 ― 小さじ½

焼きのり ― ½枚

白炒りごま ― 小さじ1

1 生揚げは横半分に切って1㎝幅に切る。キッチンペーパーを敷いた耐熱皿にのせて、ふんわりとラップをし、電子レンジ600Wで4分加熱する。

2 小さめのボウルにAを合わせて混ぜ、ふんわりとラップをし、電子レンジ600Wで30秒加熱して混ぜ、とろみのあるたれを作る。

3 **1**を**2**のたれに浸しながら器に盛り、ごまを振って2㎝角にちぎった焼きのりをのせる。

生揚げステーキ

材料（2人分）

生揚げ — 2枚
強力粉（または薄力粉か片栗粉）、オリーブ油 — 各大さじ2
にんにく — 4片
小ねぎ（斜め薄切り） — 2本
塩、こしょう — 各少々

① にんにくは3㎜幅に切る。バットに強力粉を広げ、生揚げの両面にまぶす。
② フライパンを温めてオリーブ油を入れ、にんにくを加え、中火できつね色になるまで焼き、器に取り出す。
③ 空いたフライパンに生揚げを並べ入れ、中火で4分焼く。裏返して3分焼く。
④ 器2枚に生揚げを盛り、塩、こしょうを振り、にんにくと小ねぎをのせる。

家常豆腐《ジャーチャンドウフ》

材料(2人分)

- 生しいたけ — 2個
- にんじん、たけのこ(水煮) — 各50g
- ピーマン — 2個
- 生揚げ — 2枚
- 水 — 200㎖
- ごま油 — 大さじ2
- A オイスターソース、豆板醤、砂糖 — 各小さじ1
  - 酒 — 小さじ2
- B 片栗粉 — 小さじ1
  - 水 — 小さじ2

1. 生しいたけは石突きを取って十字に4つに切る。にんじんは3㎜幅の半月切りにする。たけのこは3㎝角の色紙切りにする。ピーマンは半分に切り、ヘタと種を除いて縦半分に切ってから3等分に切る。
2. 耐熱ボウルに1を入れ、ふんわりとラップをし、電子レンジ600Wで3分加熱する。取り出して水分をきる。
3. 生揚げは縦に半分に切ってから、横に1㎝幅に切る。
4. フライパンを温めてごま油を入れ、3を並べて両面焼く。水を注ぎ、Aと2を加える。煮立ってきたら合わせたBを加えてとろみをつけ、火を止める。

世界を救う大豆ミート

世界の食糧不足や環境汚染を解決する食材のひとつとして大豆は注目されています。大豆ミート（ソイミート）は、大豆などで作った代替肉のことで、丸大豆を大豆粉に加工してから作ります。搾油した後の脱脂大豆が原料のものもありますが、脱脂大豆100％のものはまずありません。また、えんどう豆や米などをブレンドして作られる製品もあります。

大豆粉と水を機械に投入して加熱・加圧した後（この間にたんぱく質が繊維化される）、機械から押し出され、出た瞬間に圧力から解放されて一気に膨らみ、まるで肉のような食感が生まれます。その後、乾燥させたりレトルトに加工されます。形状はミンチタイプ、スライスタイプ、ブロックタイプなどがあり、料理によって使い分けます。本書では乾燥タイプの大豆ミートを使っていますが、日頃から食べ慣れておき、災害食としてローリングストックしておくことをおすすめします。

もちろん大豆たんぱく質やイソフラボンをはじめとする栄養もしっかり摂取できます。しかも、イソフラボンについては、他の大豆の加工品よりも多く含まれていることがわかっています。まるで肉のような食感ですが、加熱しても硬くはならないので幼児からシニアまで、食べやすいたんぱく源となります。また、料理のしあがりが軽くてやさしいので「最近、肉は少しでいい」という方でも負担なく、たんぱく質を摂ることができます。

乾燥タイプはどんな形状でも「大豆ミート50gに水100㎖を加え、電子レンジで2分チン！」。これでおいしく戻すことができます。戻したミートの保存期間は冷蔵で4日、冷凍で1か月です。

コレでおいしい！

大豆ミートの戻し方

材料（できあがり130g分／2～3人分）

大豆ミート ― 50g

水 ― 100㎖

NO! 酒を加えたり、たっぷりの湯でゆでることは厳禁です。おいしさのもとになるアミノ酸を捨てることに。たんぱく質の摂取量も減ってしまいます。

① 耐熱ボウルに大豆ミートを入れて水を加える。

② 貼りつけるようにラップをする。

③ 電子レンジ600Wで2分加熱する。

④ 水分を含んでふっくら。

大豆ミートで作るNewレシピ

ミンチタイプ

ミンチタイプは使いやすく、ひき肉料理を大豆ミートに置き換えて作ることができます。ハンバーグのように まとめて作る料理の場合は、つなぎを加えるとよいでしょう。

ダイズラボ
大豆のお肉 ミンチ

ソイクル
発芽大豆フレーク

New ハンバーグ

材料（2人分）

- 大豆ミート（ドライミンチ）— 80g
- 水 — 160mℓ

※P75参照戻しておく。

- 玉ねぎのみじん切り — 100g
- サラダ油 — 小さじ1
- A
  - 木綿豆腐 — 100g
  - パン粉 — 20g
  - 片栗粉 — 40g
  - 塩 — 小さじ½
  - こしょう — 少々
- B
  - トマトケチャップ、中濃ソース、水 — 各大さじ2
- リーフレタス — 1枚
- 紫玉ねぎの薄切り — 少々
- オリーブ油、ワインビネガー — 各少々

① 耐熱ボウルに玉ねぎを入れ、サラダ油を加えて混ぜ、ふんわりとラップをし、電子レンジ600Wで2分加熱し、冷ます。ボウルに大豆ミート、玉ねぎとAを入れてよく混ぜる。

② 2等分してサラダ油（分量外）をつけた手でハンバーグ形にまとめる。おにぎりを作るように握るとまとめやすい。

③ 耐熱ボウルにBを入れて混ぜ、3にソースを絡める。

④ ふんわりとラップをし、電子レンジ600Wで10分加熱する。器に盛り、ボウルに残ったソースをかけ、オリーブ油とワインビネガーをかけたレタスと紫玉ねぎを添える。

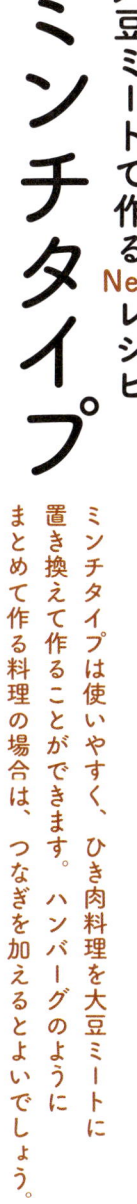

つなぎに豆腐を加えているので丸めやすい。

New 肉団子

材料（2人分）

大豆ミート（ドライミンチ）— 50g
水 — 100㎖
※P75参照戻しておく。

A
- 木綿豆腐 — 100g
- 片栗粉 — 大さじ2
- おろしにんにく、おろししょうが — 各小さじ½
- 塩 — 小さじ¼
- こしょう — 少々
- 小ねぎの小口切り — 1本分

▼ソース

B
- しょうゆ、砂糖、酒、ごま油 — 各大さじ1
- 片栗粉 — 小さじ1
- 水 — 大さじ2

小ねぎの小口切り — 少々

① ボウルにAを入れて混ぜ、大豆ミートを加えてよく混ぜ、6等分して丸める。

② 耐熱ボウルにBを合わせて混ぜて1を加え、スプーンでソースをすくって上からかけ、ふんわりとラップをし、電子レンジ600Wで6分加熱する。

③ 取り出して器に盛り、小ねぎを振る。

New 肉団子スープ

材料（2人分）

肉団子6個はNew肉団子（P78）と同量（ソース以外）、同じ作り方で作っておく。
ごま油 ― 小さじ1
しょうがの薄切り ― 1片分
干しアミ ― 大さじ1
水 ― 300㎖
クコの実 ― 小さじ1
春雨 ― 16g
塩 ― 小さじ½
パクチー（葉と茎に分け、茎は3㎝長さに切る） ― 1本

1 鍋にごま油、しょうが、干しアミを入れて中火で熱し、香りが出てきたら水を注ぎ、クコの実を加え、強火にする。沸騰したら弱火にし、肉団子と春雨を加える。

2 肉団子に火が通ったら、塩で味を調え、パクチーを散らし、火を止める。

New 焼き餃子

材料（20個分）

大豆ミート（ドライミンチ）— 50g
水 — 100㎖
※P75参照戻しておく。
餃子の皮（市販品）— 20枚

A
キャベツ — 100g
玉ねぎ — 50g
しょうがの薄切り — 4枚
にんにく — ½片
塩 — 小さじ⅕

B
しょうゆ、酒、砂糖、ごま油 — 各小さじ1
こしょう、一味唐辛子 — 各少々
粉山椒 — 小さじ⅕
片栗粉 — 大さじ1

ごま油 — 大さじ2
酢、しょうゆ、ラー油 — 各適量

① フードプロセッサーにAを入れ、みじん切りにする。厚手のキッチンペーパーに包み、水けをギュッと絞る。
② ボウルに**1**を移し、大豆ミートとBを加え、滑らかになるまで混ぜる。
③ 餃子の皮を1枚広げ、まん中に**2**をスプーンで山盛り1ほどのせ、包む。
④ フライパンにごま油を入れ、その上をすべらせるように**3**を包むたびに並べる。全て並べ終えたらフライパンを強火にかけ、2〜3分焼く。1つ持ち上げてみて、好みの焼き色がついていたら水¼カップ（分量外）を注ぎ、フタをして強火で蒸し焼きにする。
⑤ 最後にフタを取って強火で水分を飛ばし、フライパンの柄を持ってゆすり、スルスル動くようになったら火を止める。フライパンの中にすっぽり入る皿をかぶせ、逆さに返して移す。
⑥ 器に盛り、好みで酢、しょうゆ、ラー油を合わせてつけていただく。

冷たいフライパンに全て並べてから火にかける。フライパンのまま冷蔵して後で焼いてもOK。こうすると皮が具の水分を吸ってベタつくことがない。

New 麻婆豆腐

材料（2人分）
大豆ミート（ドライミンチ）— 30g
水 — 60㎖
※P75参照戻しておく。加熱時間は600Wで1分。
木綿豆腐 — 小1パック
A 砂糖、しょうゆ — 各大さじ1
片栗粉、ごま油 — 各小さじ1
豆板醤 — 小さじ½
おろししょうが、おろしにんにく — 各小さじ½
熱湯 — 100㎖
小ねぎの小口切り — 1本分

① 豆腐は上下2枚に切り分け、それぞれを2.5㎝角に切る。
② 耐熱ボウルにAを入れて混ぜたら熱湯を注いで混ぜ、大豆ミートを加えて混ぜる。**1**を加え、ふんわりとラップをし、電子レンジ600Wで5分加熱する。
③ 取り出して小ねぎを加えて混ぜ、器に盛る。

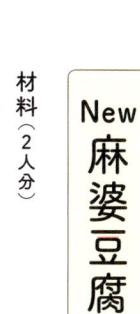

パプリカは横にしてペティナイフで切る。

New 肉詰めパプリカ

材料（2人分）

大豆ミート（ドライミンチ）— 50g
水 — 100㎖
※P75参照戻しておく。

A 玉ねぎのみじん切り — 100g
　パン粉 — 大さじ2
　溶き卵 — ½個分
　サラダ油 — 小さじ1
　塩 — 小さじ¼
　こしょう — 少々

パプリカ — 2個
トマトソース（市販品）— ½缶（150g）
バジルの葉 — 少々

1. ボウルにAを入れ、大豆ミートを加えて混ぜ、2等分する。
2. まな板にパプリカを横倒しにして置き、上部⅓のところをペティナイフでフタのように切る。中の種を除き、**1**を詰める。
3. 耐熱ボウルにトマトソースを入れ、**2**を並べ、切り取ったフタをのせ、ふんわりとラップをし、電子レンジ600Wで8分加熱する。
4. 器にパプリカを盛り、ボウルに残ったソースをかけ、バジルの葉をはさみで切ってのせる。

揚げなすのNew肉みそかけ

材料（2人分）

大豆ミート（ドライミンチ）— 30g
水 — 60㎖
※P75参照戻しておく。加熱時間は600Wで1分。

A
- 玉ねぎのみじん切り — ½個分（100g）
- にんにくのみじん切り — 1片分
- みそ、砂糖 — 各大さじ2
- 水 — 大さじ1

長なす — 2本（300g）
揚げ油 — 適量
グリーンオリーブ（塩水漬け）— 4個

1. 大豆ミートにAを加えて混ぜ、ふんわりとラップをして電子レンジで3分加熱する。
2. なすはヘタを落として1㎝幅の斜め切りにし、175〜180℃の油で揚げ、油をきる。
3. 器の中央に**1**の半量を盛り、**2**を二つ折りにして立てかけるようにのせ、周りに残りの**1**を盛り、グリーンオリーブを添える。

New ミートソースマカロニ

材料（2人分）
大豆ミート（ドライミンチ）― 50g
水 ― 100㎖
※P75参照戻しておく。
フジッリマカロニ（乾燥）― 120g
A ビーフシチュールウ（刻む）― 大さじ3
　トマトケチャップ ― 大さじ1
　水 ― 150㎖
粉チーズ ― 大さじ1
パセリのみじん切り ― 少々

1. 鍋に熱湯1ℓ（分量外）を沸かし、塩小さじ1（分量外）を加え、マカロニを表示時間通りにゆでる。
2. 耐熱ボウルにAを入れて混ぜ、大豆ミートを加えてふんわりとラップをし、電子レンジ600Wで6分加熱したら取り出して混ぜる。
3. 器2枚に**1**を盛り、**2**をかけ、粉チーズとパセリを振る。

New タコライス

材料（2人分）

大豆ミート（ドライミンチ）— 50g

水 — 100㎖

※P75参照戻しておく。

A
- 塩 — 小さじ¼
- トマトケチャップ — 大さじ4
- ウスターソース、サラダ油 — 各大さじ1

玉ねぎのみじん切り — 100g

温かいご飯 — 茶わん2杯分

パセリのみじん切り — 少々

レタス（4㎝長さのせん切り）— 2枚

ミニトマト（ヘタを取って十字に4つに切る）— 6個

パルメザンチーズの薄切り — 適量

1. 耐熱ボウルに大豆ミートを入れ、Aと玉ねぎを加えて混ぜ、ふんわりとラップをする。電子レンジ600Wで5分加熱し、取り出してご飯とパセリを加えて混ぜる。
2. 器2枚に盛り、レタスとミニトマトを添え、パルメザンチーズをのせる。

京都のとある中華料理店で食べたチャーハンがお手本。具材を煮てから加えてあり、とてもさっぱりと美味にしあがる。

New チャーハン

材料（2人分）

大豆ミート（ドライミンチ）— 30g
水 — 60㎖
※P75参照戻しておく。
加熱時間は600Wで1分。

A グリーンピース（冷凍）— 40g
　にんじんのみじん切り — 50g

B 水 — 大さじ3
　しょうゆ、みりん — 各小さじ2

サラダ油 — 大さじ2
溶き卵 — 1個分
長ねぎのみじん切り — ½本分
ご飯 — 茶わん2杯分
しょうゆ — 小さじ1
塩、こしょう — 各少々

1. 鍋に大豆ミート、A、Bを入れて中火にかけ、水分が大さじ1くらいまで減ったら火を止める。
2. フライパンを温め、サラダ油を入れて長ねぎを炒め、溶き卵を加え、大きくかき混ぜ、いり卵にする。ご飯も加え、強火でパラパラに炒める。
3. 1を汁ごと加えてさらに炒め、鍋肌からしょうゆを回し入れ、塩、こしょうを振って火を止める。

New かやくご飯

材料（2人分）

大豆ミート（ドライミンチ）— 30g
水 — 60㎖
※P75参照戻しておく。
加熱時間は600Wで1分。
油揚げ — ½枚
A ┃にんじん、ごぼう — 各40g
　┃しいたけ（石突きを取る）— 2枚
米（洗ってざるに上げる）— 1合
水 — 180㎖
B ┃しょうゆ、酒、みりん
　┃　— 各大さじ1
　┃サラダ油 — 小さじ2
　┃塩 — 小さじ⅕
実山椒（塩水漬け）— 少々
香の物（きゅうりの昆布漬け薄切り、
漬けた昆布細切り）— 少々

1. フードプロセッサーに油揚げを入れ、みじん切りにして取り出す。次に各4つに切ったAをフードプロセッサーに入れてみじん切りにし、水に放してすぐざるへ上げる。
2. 耐熱ボウルに水とBを入れて混ぜ、米を加え、上に大豆ミートと**1**をのせる。両端を5㎜ずつあけてラップをし、電子レンジ600Wで7分加熱。ぶくぶくと沸騰してきたら、タイマーの時間が残っていても電子レンジ弱（150〜200W）または解凍キーで12分加熱する。または炊飯器で炊いてもよい。
3. 取り出して全体を混ぜ、器2個に盛り、実山椒をのせ、香の物を添える。

作り置きしておくととても便利な肉そぼろ。
冷蔵で5日、冷凍で1か月保存できます。

New 肉そぼろ

材料（できあがり200g分）

大豆ミート（ドライミンチ）— 50g
水 — 100㎖
※P75参照戻しておく。

A
- サラダ油、みそ — 各小さじ2
- しょうゆ — 大さじ2
- 砂糖 — 大さじ1
- 片栗粉 — 小さじ½

長ねぎのみじん切り — 100g
しょうがのみじん切り — 20g

① 耐熱ボウルにAを入れて混ぜ、大豆ミートを加えて混ぜる。先にたんぱく質に調味料を絡めておかないと団子状になる。

② 長ねぎとしょうがをのせる。

③ ふんわりとラップをし、電子レンジ600Wで3分加熱し、取り出したらよく混ぜる。

New 肉そぼろピーマン

材料（2人分）
ピーマン — 3個（100g）
New肉そぼろ — 30g

ピーマンは縦半分に切り、ヘタと種を除いて細切りにする。耐熱ボウルにピーマンとNew肉そぼろを加えて混ぜ、ふんわりとラップをし、電子レンジ600Wで2分加熱する。

にらのNew 肉そぼろあえ

材料（2人分）
New肉そぼろ、にら — 各30g
ごま油 — 小さじ1

ボウルに1cm幅に切ったにら、肉そぼろ、ごま油を入れて混ぜ、ふんわりとラップし、電子レンジ600Wで1分加熱する。

New 肉そぼろにんじん

材料（2人分）
にんじん — 50g
New肉そぼろ — 30g
A 酢、砂糖 — 各小さじ1
　塩 — 少々
　ごま油 — 小さじ1

にんじんは皮をむき、チーズリナーで粗くおろすか細切りにしてAを加えて混ぜる。肉そぼろも加えて混ぜる。

New 肉そぼろひじき

材料（2人分）
ひじき（乾燥）— 大さじ3
水 — 100mℓ
玉ねぎ — 100g
New肉そぼろ — 30g
サラダ油 — 小さじ1
パセリのみじん切り — 少々

① 耐熱ボウルにひじきを入れ、水を加え、ふんわりとラップをし、電子レンジ600Wで1分加熱する。取り出してざるに上げ、水ですすいで水をきる。
② 玉ねぎは繊維に沿って薄切りにし、水200mℓ（分量外）を加えて5分おき、ざるへ上げる。
③ ボウルに**1**、**2**を入れ、肉そぼろとサラダ油、パセリを加えて混ぜる。

New肉そぼろおにぎり

材料（3個分）
ご飯 ― 200g
New肉そぼろ ― 30g
焼きのり（4㎝×10㎝） ― 3枚

1 ご飯に肉そぼろを混ぜ、三角形のおにぎりを3つ作ったらのりではさむ。

New肉そぼろカレードリア

材料（2人分＝直径15㎝×高さ4㎝の耐熱容器1個分）

- ご飯 — 100g
- カレールウ（フレーク） — 大さじ1
- 水 — 100㎖
- ホワイトソース（市販品） — 100g
- 牛乳 — 100㎖
- New肉そぼろ — 50g
- 粉チーズ — 大さじ2
- セルフィーユ — 少々

1. 耐熱ボウルにご飯とカレールウを入れ、水を注ぎ、ふんわりとラップをして電子レンジ600Wで4分加熱する。サラダ油（分量外）を薄く塗った耐熱容器2つにそれぞれに入れる。
2. 別の耐熱ボウルにホワイトソースと牛乳を入れて混ぜ、ラップをしないで電子レンジ600Wで2分加熱する。
3. **1**にNew肉そぼろをのせ、**2**を流し入れて粉チーズを振り、セルフィーユをはさみで切って散らす。
4. オーブントースターの強で5分、表面に焼き色がつくまで焼く。取り出して飾り用セルフィーユを添える。

New肉そぼろビビンパ

材料（2人分）

水菜 — 2本
貝割れ菜 — ¼パック
大根 — 50g
パプリカ（赤・黄）— 各⅙個
ごま油 — 小さじ1
ラー油 — 小さじ½
New肉そぼろ — 50g
温かいご飯 — 300g
ミニトマト — 2個
コチュジャン — 適量

1. 水菜と貝割れ菜は根を落とし、5cm長さに切る。大根は5cm長さのせん切りにする。
2. パプリカは赤・黄ともに5mm幅の細切りにする。耐熱ボウルに入れ、ごま油とラー油をかけ、ふんわりとラップをし、電子レンジ600Wで1分加熱する。
3. 器2個にご飯を盛り、New肉そぼろ、**1**、**2**、ミニトマトをのせる。コチュジャンを添え、よく混ぜていただく。

New肉そぼろジャージャー麺

材料（2人分）
- 長ねぎの白い部分 — 14㎝
- きゅうり — ½本
- たけのこの水煮 — 50g
- New肉そぼろ — 100g
- A 赤だしみそ、ごま油 — 各大さじ1
  - 砂糖、豆板醤 — 各小さじ1
  - 水 — 大さじ3
- 中華麺（生）— 2パック
- サラダ油 — 小さじ1

1. 長ねぎは半分に切り、スリットを入れて芯を除き、せん切りにする。破れにくいキッチンペーパーに包み、水の中でもみ洗いし、固く絞ってほぐす。きゅうりは5㎜幅の斜め切りにし、重ねて5㎜幅の細切りにする。冷水に放し、パリッとしたらざるに上げる。たけのこは7㎜の角切りにする。
2. 耐熱ボウルにNew肉そぼろ、たけのこ、Aを入れて混ぜ、ふんわりとラップをし、電子レンジ600Wで3分加熱する。
3. 中華麺をゆでてざるに上げ、すぐ水ですすいで水をきり、サラダ油をまぶす。
4. 器に**3**を盛り、**2**をかけ、きゅうりをのせ、ねぎを添える。

大豆ミートで作るNewレシピ

スライスタイプ

ダイズラボ
大豆のお肉 スライス

見た目も食感もまるで肉！ なのがスライスタイプ。
薄切り肉で作るレシピならおまかせです。
炒め物や煮物で存在感を示します。

New 豚キムチ

材料（2人分）

大豆ミート（ドライスライス）— 50g

水 — 100mℓ

※P75参照戻しておく。

白菜キムチ、にら — 各50g

A ｜小麦粉、片栗粉 — 各大さじ1
　｜塩 — 小さじ¼

サラダ油 — 大さじ1

B ｜みりん・しょうゆ — 各大さじ1

こしょう — 少々

① 白菜キムチは2cm幅、にらは4cm長さに切る。

② フライパンを温めてサラダ油を入れ、大豆ミートにAをまぶしてから加え、強火で炒め、焼き色がついてきたらBを加えて絡める。

③ **2**に**1**を加えて炒め、にらがしんなりしたら火を止め、こしょうを振る。

野菜は先にレンチンして水分を除いておく。

レンチンで香味油を作り、大豆ミートを加えてレンチン。

最後に野菜と合わせてできあがり。

New 肉野菜炒め

材料（2人分）

大豆ミート（ドライスライス）― 30g
水 ― 60㎖
※P75参照戻しておく。
加熱時間は600Wで1分。
キャベツ ― 200g
ピーマン、にんじん ― 各50g
にんにくのみじん切り ― 1片分
オリーブ油 ― 大さじ1
一味唐辛子 ― 少々
A 塩 ― 小さじ¼
　砂糖 ― 大さじ1

① キャベツはひと口大にちぎり、ピーマンはヘタと種を取って乱切り、にんじんは皮をむいて3㎝幅の斜め切りにし、切り口を下にしてまな板に置き、5㎜幅の薄切りにする。全て耐熱ボウルに入れ、ふんわりとラップをし、電子レンジ600Wで3分加熱し、出た水分をきる。

② 別の耐熱ボウルににんにくと一味唐辛子、オリーブ油を混ぜ、ふんわりとラップをし、電子レンジ600Wで2分加熱し、香味油を作る。

③ **2**に大豆ミートを加え、Aを加えて混ぜ、ふんわりとラップをし、電子レンジ600Wで2分加熱する。

④ **3**に**1**を加えて混ぜ、器に盛る。

New 照り焼き

材料（2人分）

大豆ミート（ドライスライス）— 50g

水 — 100㎖

※P75参照戻しておく。

キャベツ — 2枚

A ｜小麦粉、片栗粉 — 各大さじ1

サラダ油 — 大さじ1

B ｜しょうゆ、砂糖、酒 — 各大さじ1
　｜おろししょうが — 小さじ1

① キャベツは葉と軸に分け、葉は4㎝長さのせん切り、軸は斜め薄切りにする。

② ポリ袋にAを入れ、大豆ミートを加えて口を閉じて振ってまぶす。

③ フライパンを温めてサラダ油を入れ、**2**を炒め、Bを加えて絡めたら火を止める。器にキャベツとミートを盛る。

New 肉じゃが

材料（2人分）

大豆ミート（ドライスライス）— 30g
水 — 60㎖
※P75参照戻しておく。
加熱時間は600Wで1分。
じゃがいも — 2個（300g）
にんじん — 小½本（50g）
玉ねぎ — ½個（100g）
さやいんげん（筋を取る）— 4本
A おろししょうが — 小さじ½
しょうゆ、砂糖、酒 — 各大さじ2
片栗粉 — 小さじ½
サラダ油 — 小さじ2

① じゃがいもとにんじんは乱切り、玉ねぎは1cm幅のくし形切り、いんげんは3cm長さに切る。

② 耐熱ボウルにAを入れ、大豆ミートを加えてまぶし、上に1をのせる。ふんわりとラップをし、電子レンジ600Wで10分加熱する。

③ じゃがいもに竹串がスーッと通るようになっていたら、取り出して全体を混ぜ、器に盛る。

大豆ミートに調味料を絡め、上に野菜をのせてレンチン。加熱後に全体をよく混ぜる。レンチンで作るとじゃがいもが煮くずれしない。

New 豚丼

材料（2人分）

大豆ミート（ドライスライス）— 50g
水 — 100㎖
※P75参照戻しておく。
玉ねぎ — 1個
サラダ油 — 小さじ2
A しょうゆ、砂糖、赤ワイン — 各大さじ2
温かいご飯 — 300g
フリルレタス — 1枚

1. 玉ねぎは縦半分に切り、繊維と直角に1cm幅に切る。
2. フライパンを温めたらサラダ油を入れ、**1**を強火で炒め、大豆ミートを加えて炒め、Aを加えて絡めて、水分がなくなったら火を止める。
3. 丼2つにご飯を盛り、レタスをちぎってのせ、**2**のせる。

New カレー

材料（2人分）
大豆ミート（ドライスライス）— 50g
水 — 100㎖
※P75参照戻しておく。
じゃがいも — 中1個（150g）
玉ねぎ — ½個（100g）
にんじん — 50g
水 — 300㎖
カレールウ（フレーク）— 大さじ4
温かいご飯 — 300g
福神漬け、甘酢らっきょう — 各適量

1. じゃがいも、玉ねぎ、にんじんは1.5㎝角に切る。
2. 耐熱ボウルに水を注いでカレールウを加えて混ぜ、大豆ミートと**1**を加え、ふんわりとラップをし、電子レンジ600Wで12分加熱する。
3. 取り出して混ぜ、皿に盛ったご飯にかける。福神漬けや甘酢らっきょうを添える。

New あんかけ焼きそば

材料（2人分）

大豆ミート（ドライスライス）— 50g
水 — 100㎖
※P75参照戻しておく。
キャベツ — 200g
赤パプリカ — ¼個（50g）
焼きそば麺 — 2パック
サラダ油 — 大さじ2
A 水 — 300㎖
　砂糖、オイスターソース
　— 各大さじ1
　おろしにんにく — 小さじ½
　塩 — 小さじ¼
B 片栗粉 — 大さじ1
　水 — 大さじ2
小ねぎの小口切り — たっぷり

1. キャベツは3～4㎝角に切る。パプリカは種を取って長さを2等分し、1㎝幅の短冊切りにする。耐熱ボウルに入れ、ラップをし、電子レンジ600Wで3分加熱する。
2. フライパンを温め、サラダ油を入れて焼きそば麺を加え、ほぐしながら強火で焼き目がつくまで炒め、器に盛る。
3. フライパンに**1**を入れてAを加え、強火で加熱する。煮立ってきたら合わせたBを加えてとろみをつけ、**2**にかけて小ねぎを散らす。

大豆ミートで作るNewレシピ

ブロックタイプ

唐揚げをブロックタイプの大豆ミートで作ると「これが大豆!?」と、すぐには気づかないかもしれません。ボリュームのある肉料理にぜひ!

ダイズラボ
大豆のお肉ブロック

New唐揚げ

材料（2人分）
- 大豆ミート（ドライブロック）— 50g
- 水 — 100㎖
- ※P75参照戻しておく。
- A
  - おろしにんにく、塩麹（粉タイプ）または塩 — 各小さじ½
  - おろししょうが、酒 — 各小さじ1
- 溶き卵 — 大さじ1
- B 小麦粉、片栗粉 — 各大さじ1
- 揚げ油 — 適量
- レモン — ¼個

① 大豆ミートをボウルに入れ、Aを加えて混ぜる。溶き卵を加えて混ぜ、Bを加えて絡める。

② 大豆ミートブロックのサイズが小ぶりの場合、全体を6等分してラグビーボール形にまとめ、170℃の油に入れる。きつね色になったら取り出し、油をきる。

③ 器に盛り、レモンにフォークを刺して添える。フォークを何度か刺してから、フォークを軸にしてねじると果汁が搾れる。

ヤンニョムチキン風New唐揚げ

材料（2人分）
- New唐揚げ — 2人分
- A
  - コチュジャン — 大さじ2
  - ケチャップ — 大さじ1
  - しょうゆ、みりん — 各小さじ2
  - おろしにんにく — 小さじ1

耐熱ボウルにAを入れ、New唐揚げを加えて混ぜる。ふんわりとラップをし、電子レンジ600Wで1分加熱する。取り出して器に盛る。

New えびマヨ

材料（2人分）

大豆ミート（ドライブロック）— 50g
水 — 100㎖
※P75参照戻しておく。

A 塩、おろしにんにく — 各小さじ½
　酒、おろししょうが — 各小さじ1

B 小麦粉、片栗粉 — 各大さじ1

溶き卵 — 大さじ1
揚げ油 — 適量

▼にんにくマヨ

C マヨネーズ — 大さじ3
　小ねぎの小口切り — 大さじ1
　砂糖 — 大さじ½
　おろしにんにく — 小さじ½

レタス — ¼個
小ねぎの小口切り — 少々

① 大豆ミートにAを加えて絡め、Bを加えて絡め、溶き卵を加えて混ぜる。

② **1**を6等分し、やや細長にまとめ、170℃の油に入れて、きつね色になるまで揚げ、油をきる。

③ ボウルにCを合わせ、**2**を加えて絡める。ちぎったレタスとともに器に盛り、小ねぎを散らす。

Newルーローハン（滷肉飯）

材料（2人分）
大豆ミート（ドライブロック）― 50g
水 ― 100㎖
※P75参照戻しておく。
A 小麦粉、片栗粉 ― 各小さじ1
B しょうゆ、砂糖、酒、酢、
　オイスターソース ― 各大さじ1
ほうれん草 ― 80g
温かいご飯 ― 300g
ゆで卵 ― 2個

1. 大豆ミートにAを加えて混ぜ、Bを合わせて加えて混ぜる。ふんわりとラップをし、電子レンジ600Wで3分加熱する。
2. ほうれん草はポリ袋に入れ、水大さじ1（分量外）を加え、耐熱皿にのせて電子レンジ600Wで1分30秒加熱する。水に取って絞り、3㎝長さに切る。
3. 器2個にご飯を盛り、**1**、**2**をのせ、半分に切ったゆで卵を添える。

大豆のだし浸し

ゆでた大豆は冷凍しておくといつでもすぐに使えて便利ですが、だしに浸しておくのもおすすめです。薄く味がついているので、たんぱく源を足したいときにそのまま食べてもいいし、料理に活用することもできます。

材料（作りやすい分量）

大豆（乾燥）― 2カップ

水 ― 2ℓ（合計）

▼だし

A
- だし ― 50㎖
- みりん、薄口しょうゆ ― 各大さじ2

①鍋に熱湯1200㎖を沸かし、洗った大豆を入れ、沸騰させて火を止める。フタをして1時間、大豆のしわがなくなるまでおく。または水1200㎖に一晩浸す。

②大豆の水をきり、圧力鍋に入れて水800㎖を注ぎ、フタをして加熱。圧がかかったら弱火で10分加熱して火を止める（安全弁から泡が出たら、乾いた布巾を乗せるとおさまる）。圧が下がったらフタを開けて冷ます。鍋で軟らかく煮てもよい。

③鍋にAを入れ、火にかけて沸騰したら火を止めて常温まで冷ます。ゆで汁をきった**2**を保存袋または容器に入れ、だしを注ぐ。冷蔵で5日保存できる。長期保存は冷凍する。

ゆで大豆やだし浸しは小分けにして冷凍すると便利

2のゆでた豆が冷めたら100g、200gなど、使いやすい量を汁ごと取り分けジッパー付き保存袋に入れ、空気を抜いて封をして冷凍する。使うときは袋の口の一部を開けて、電子レンジで解凍加熱する（100gにつき2分）か冷蔵庫で自然解凍する。煮込み料理には、凍ったまま鍋に加えてもOK。**3**のだし浸しも同様に冷凍できる。

呉汁

材料（2人分）
大豆のだし浸し ― 80g
水 ― 150㎖
薄口しょうゆ ― 小さじ2
小ねぎの小口切り ― 少々

ミキサーに汁けをきった大豆のだし浸しと水、しょうゆを入れ、滑らかになるまで回す。器に盛り、小ねぎを振る。温めてもおいしい。

大豆のカリカリ炒め

材料（2人分）

大豆のだし浸し ― 100g
ごま油 ― 小さじ2
青のり ― 大さじ2

1. 大豆のだし浸しはざるに上げ、キッチンペーパーにのせて汁けをきる。
2. フライパンにごま油を入れ、**1**を加えて中火にかける。豆を混ぜながら水分を飛ばし、焼き目がついたら火を止める。
3. ポリ袋に青のりを入れ、**2**を加えて口を閉じて振ってまぶす。

大豆のラタトゥイユ

材料（2人分）

玉ねぎ — 50g
なす — 中1本（90g）
赤ピーマン — 1個（30g）
にんじん — 小½本（50g）
トマト — 1個（100g）
大豆のだし浸し — 100g
ローリエ — 1枚
塩 — 小さじ⅙
こしょう — 少々
オリーブ油 — 大さじ1
パセリのみじん切り — 少々

1. 玉ねぎ、なす、赤ピーマン、にんじん、トマトは1.5㎝角に切る。
2. 耐熱ボウルに1と汁をきった大豆のだし浸し、ローリエを入れ、塩、こしょうしてオリーブ油を回しかけ、ふんわりとラップをする。
3. 電子レンジ600Wで6分加熱して取り出し、パセリを振って混ぜる。

大豆のドライカレー

材料（2人分）

大豆のだし浸し ― 100g
豚ひき肉 ― 100g
A カレールウ（フレーク）
― 大さじ2
トマトケチャップ ― 小さじ1
熱湯 ― 70㎖
温かいご飯 ― 茶わん2杯分
パセリのみじん切り、
らっきょう ― 少々

① 耐熱ボウルにAを入れ、熱湯を加えて混ぜ、豚ひき肉を加えて絡め、汁をきった大豆のだし浸しを加える。ふんわりとラップをし、電子レンジ600Wで5分加熱する。

② 取り出して混ぜ、器に盛ったご飯にかける。パセリを振り、らっきょうを添える。

村上 祥子

murakami sachiko

料理研究家。管理栄養士。公立大学法人福岡女子大学客員教授。1985年より福岡女子大学で病態栄養指導講座を担当。治療食の開発で、電子レンジに着目。以来、研鑽を重ね、電子レンジ調理の第一人者となる。日本栄養士会主催の特別保健指導にも講師として参加する。「ちゃんと食べてちゃんと生きる」をモットーに、日本国内はもとより、ヨーロッパ、アメリカ、中国、タイ、マレーシアなどでも、「食べ力®」をつけることへの提案と、実践的食育指導に情熱を注ぐ。公立大学法人福岡女子大学にある「村上祥子料理研究資料文庫」の50万点の資料は一般公開されている。80代の現役料理家として活躍中。発行単行本数は総数583タイトルに及ぶ。

村上祥子のホームページ

村上祥子の空飛ぶ食卓

古《ふる》くて新《あたら》しい今《いま》こそ大豆《だいず》

2024年12月28日 第1刷発行

著者 村上祥子《むらかみさちこ》
発行者 渡辺能理夫
発行所 東京書籍株式会社
〒114-8524 東京都北区堀船2-17-1
電話 03-5390-7531(営業)
03-5390-7508(編集)

印刷・製本 TOPPANクロレ株式会社

ISBN978-4-487-81819-8 C2077 NDC596

アートディレクション 昭原修三
デザイン 植田光子
撮影 木村拓(東京料理写真)
スタイリング 久保原惠理
編集 石井美佐
料理助手 城戸恭子、福島寿美子
食材協力 マルコメ株式会社
プリンティングディレクター 栗原哲朗(TOPPANクロレ)